Résine déco

Claire Gaétan

Matériel et fournitures

La résine

La résine epoxy se présente sous la forme de 2 composants : le durcisseur et la résine. Une fois le mélange réalisé (voir page 5), elle sèche généralement en 12 à 24 heures.

Sa manipulation est très facile si vous suivez scrupuleusement les dosages et les indications du fabricant sans oublier de protéger vos mains et le plan de travail.

Les moules

Les moules à pâtisserie en silicone sont très bien adaptés au moulage de la résine, le démoulage est parfait et les objets en résine gardent leur transparence.

Les moules à glaçons proposent des motifs très variés permettant de réaliser de petits motifs fantaisie. Il faut utiliser un spray de démoulage avant de couler la résine. L'aspect des objets risque d'être givré et non plus transparent.

Fabriquez également vos moules avec de la pâte silicone bicomposant (voir page 7). L'aspect des objets sera également givré.

De nombreux emballages peuvent servir de moule sous réserve d'y appliquer du spray de démoulage au préalable.

Couleur et inclusions

La résine peut être travaillée de différentes manières : réalisez des inclusions (tous matériaux ne renfermant pas d'humidité), des moulages, ou recouvrir des surfaces (voir Vive l'été ! page p 38).

On peut également jouer avec les couleurs et les effets : transparence, opacité, marbrures... Très vite vous serez tenté de faire vos propres expériences !

La technique

Avant toute manipulation, mettez les gants de protection fournis avec la résine et protégez le plan de travail. Dans un récipient à grande ouverture et à fond plat, versez d'abord la résine en suivant les recommandations du fabricant.

Ajoutez le durcisseur (proportion de 1 pour 1 ou 1 pour 2 suivant les fabricants). Le mélange se trouble. Mélangez lentement avec la spatule fournie pour éviter la formation de bulles d'air. Il se forme des volutes translucides.
La résine est prête à l'emploi lorsqu'elle devient transparente. Coulez-la dans le moule choisi.

Astuce !

Pour supprimer les bulles d'air, utilisez une épingle ou un cure-dents pour percer les bulles isolées. Pour vous débarrasser d'un amas de bulles, formez une petite mèche avec un morceau de papier absorbant et repêchez les bulles.

Colorer la résine

Pour obtenir une couleur opaque, ajoutez quelques gouttes de peinture céramique à froid à la résine. Pour foncer la couleur, ajoutez de la peinture goutte après goutte.

Pour conserver l'aspect transparent de la résine, versez quelques gouttes de peinture vitrail.

On peut également tracer des volutes ou marbrures en couleur dans la résine en cours de séchage (3 à 4 heures après l'avoir coulée). Faites couler quelques gouttes de peinture (Céramique ou Vitrail) puis dessinez avec la pointe d'un cure-dents.

Les inclusions

Commencez par couler 3 à 5 mm de résine dans le fond du moule. Laissez sécher 12 heures. Disposez les éléments à inclure sur la résine durcie, et coulez la seconde couche en veillant à ce que les éléments ne bougent pas. Surveillez la formation de bulles (voir Astuce page 5).

On peut également inclure partiellement des éléments dans la résine sans les recouvrir complètement. Les strass immergés dans la résine perdent tout leur éclat. Il est donc préférable de ne couler qu'une seconde couche de résine très fine pour fixer les strass.

Créer ses moules

Vous pouvez réaliser vos propres moules soit en moulant un objet existant pour le reproduire en résine, soit en imprimant des matières (dentelles, tampons...). Malaxez ensemble la même quantité de pâte bleue et blanche jusqu'à obtention d'une couleur uniforme (environ 1 mn). Attention, travaillez rapidement car la pâte durcit en quelques minutes seulement. Travaillez la pâte obtenue comme de la pâte à modeler. Pour un objet plat, formez un rebord de 6 ou 7 mm tout autour en veillant à l'étanchéité. Imprimez la matière ou le motif choisi en le laissant en place quelques minutes, le temps du séchage.

Percer et poncer la résine

Pour percer la résine, utilisez une mini-perceuse. Cet outil de précision permet un travail facile et soigné. Les bords des objets moulés sont souvent tranchants, utilisez le même outil équipé d'un disque abrasif à grain très fin puis un feutre de polissage.

a Provence de Matisse

Il vous faudra :

- 1 plateau rond en bois
- Tissus batik imprimés bleu et vert
- Tissu bleu turquoise clair faux-uni
- Paillettes à coller (sans trou)
- Ciseaux fins, cutter rotatif

- Colle thermofixable en spray et colle multi-matériaux
- Résine epoxy bicomposant
- Fer à repasser

 1

Tracez la circonférence du fond du plateau sur le tissu turquoise clair. Coupez le cercle avec des ciseaux. Posez le cercle de tissu dans le plateau puis recoupez les bords avec le cutter rotatif.

 2

Dessinez une douzaine de feuilles en 3 tailles (voir dessins pages 46-47) sur les tissus batik imprimés et coupez-les avec les ciseaux fins.

 3

Vaporisez la colle thermofixable au dos du cercle de tissu turquoise clair et des feuilles imprimées en protégeant le plan de travail. Disposez les feuilles sur le fond. Collez-les avec la colle thermofixable et le fer à repasser.

 4

Recoupez les feuilles des bords avec le cutter rotatif.

 5

Ajoutez des paillettes pour combler les espaces vides entre les feuilles. Collez-les avec la colle multi-matériaux.

 6

Mélangez les 2 composants de la résine et versez-la sur 5 ou 6 mm en surveillant la formation de bulles. Laissez sécher 24 à 48 heures.

P'tit dej

Il vous faudra :

- Moules à pâtisserie en silicone : 1 de 24 cm de diamètre, et 1 rectangulaire de 10 x 25 cm

- 2 bâtonnets de sucre candi, 2 petites cuillères en porcelaine, morceaux de sucre cristallisé et quelques grains de café

- Gros fil aluminium

- Tranches de pain sec aux céréales

- Résine epoxy bicomposant

1 Déroulez environ 3 m de fil aluminium autour du moule rectangulaire en formant des boucles régulières. Coulez 5 mm de résine. Positionnez la base des boucles métalliques pour qu'elles soient prises dans la résine. Laissez sécher 12 heures.

2 Ajoutez 3 tranches de pain sec. Recouvrez-les de résine. Surveillez la formation de bulles d'air. Laissez sécher 24 à 48 heures, puis démoulez délicatement.

1 Coulez 5 mm de résine au fond du moule rond. Laissez sécher. Composez le décor : sucre, bâtonnets de sucre candi, petites cuillères et grains de café.

2 Coulez la seconde couche de résine affleurant les objets. Surveillez la formation de bulles et supprimez-les avec une mèche de papier absorbant. Laissez sécher 24 à 48 heures, puis démoulez délicatement.

Nostalgie

Il vous faudra :

- Pâte silicone pour réaliser des moules
- Galon de dentelle de 6 cm de large
- Mini-moules silicone motif rose de 4 cm de diamètre
- Verre photophore de 4,5 cm de diamètre
- Peinture Vitrail fuchsia et Céramique à froid blanc nacré

- Ciseaux
- Ruban d'organdi violet
- Résine epoxy bicomposant
- Perceuse et mèche
- Colle multi-matériaux
- Bougies fines

1

Mélangez les 2 composants de la pâte à mouler. Modelez un rectangle de 15 x 6 cm avec un rebord de 1 cm. Veillez à l'étanchéité des bords. Plaquez immédiatement une longueur de dentelle au fond du moule pour imprimer le motif. Laissez sécher quelques minutes et retirez la dentelle.

2

Coulez la résine dans le moule sur une épaisseur d'environ 5 mm. Surveillez la formation de bulles d'air. Laissez sécher 12 heures. Démoulez délicatement la bande de dentelle encore flexible.

3

Pour le photophore, recoupez le bord dentelé aux ciseaux en suivant le motif de la dentelle.

4 Ajustez la longueur de résine nécessaire autour du photophore. Recoupez l'excédent. Laissez durcir 12 heures supplémentaires.

5 Pour le rond de serviette, utilisez le même moule. Démoulez la résine après 12 heures et enroulez-la en forme de cylindre. Maintenez-le à l'aide de pinces à linge et laissez durcir 12 heures supplémentaires.

1 Versez la résine dans les mini-moules rose. Mélangez un peu de peinture fuchsia et blanc nacré pour obtenir la nuance souhaitée. Versez un peu de peinture dans chaque moule rose et mélangez avec un cure-dents.

2 Laissez sécher 24 à 48 heures. Démoulez délicatement. Percez un trou central à la perceuse pour insérer des bougies fines. Nouez un ruban autour de 3 roses pour former le bougeoir. Maintenir avec un point de colle.

Bleu outremer

Il vous faudra :

- 2 cadres ou miroirs blancs à rebords de 24 x 32 cm et 18 x 24 cm
- Mini-moules à mignardises en silicone demi-sphères
- Perles étoiles et poissons bleus
- Perles tubes longues bleues et vert anis
- Perles rondes dans un camaïeu de vert et bleu

- Perles de rocaille argent et bleues
- Grosses perles de rocaille turquoise et bleu dur
- Résine epoxy bicomposant

1 Versez 5 mm de résine tout autour du petit cadre. Laissez sécher.

2 Dans 6 mini-moules demi-sphères, coulez 6 à 7 mm de résine. Laissez sécher quelques heures. Dispersez une grosse perle étoile et une dizaine de perles de rocaille sur la résine. Coulez à nouveau la même épaisseur de résine.

3

Laissez sécher 24 à 48 heures et démoulez. Disposez les "bulles" obtenues de part et d'autre du miroir. Collez-les en ajoutant une fine couche de résine.

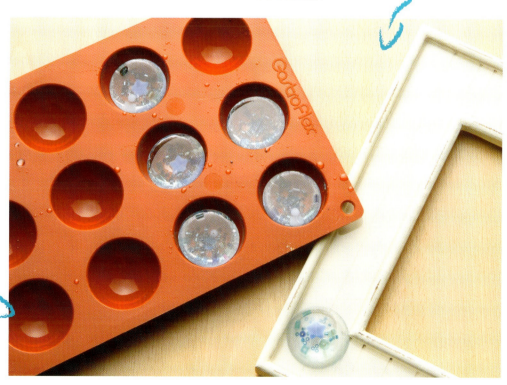

1 Versez 5 mm de résine tout autour du grand cadre. Laissez sécher. Disposez les différentes perles : poissons, étoiles, tubes, rocailles argent et turquoise.

2 Ajoutez une couche de résine pour recouvrir l'ensemble. Surveillez la formation de bulles d'air et percez-les avec une mèche de papier absorbant.

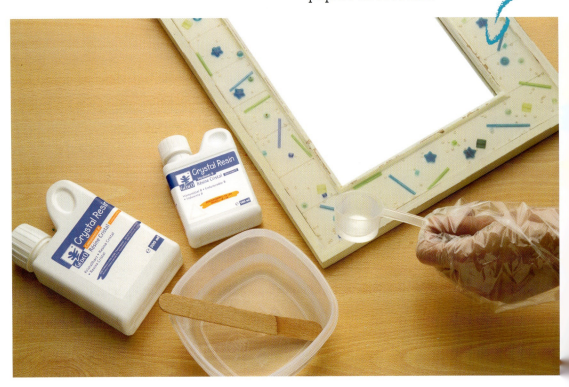

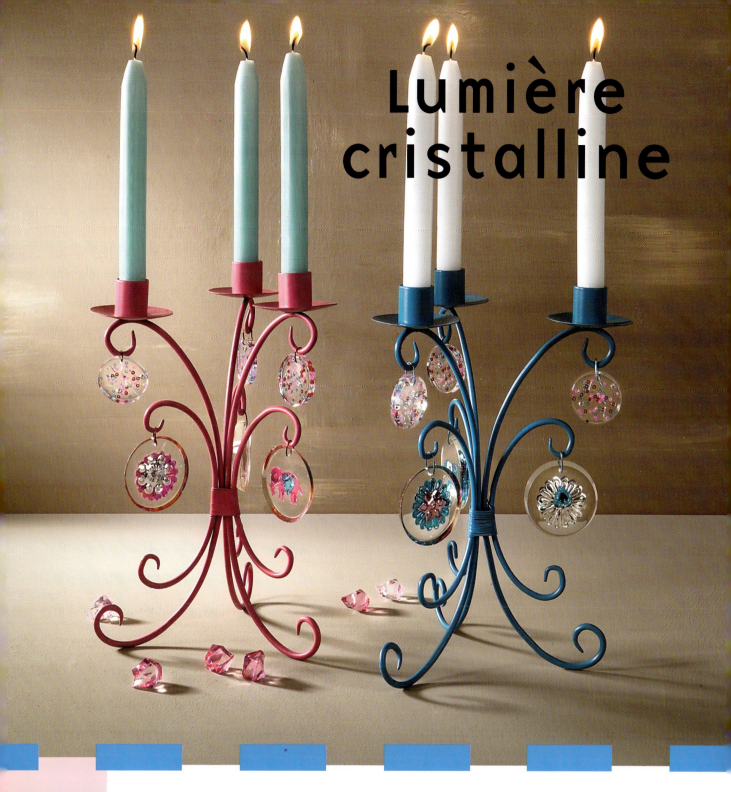

Lumière cristalline

Il vous faudra :

- 2 chandeliers en métal rose et turquoise

- Assortiment de grosses paillettes fleurs, cœurs, feuilles et éléphants coloris turquoise, fuchsia et argent

- Fil métallique aluminium fuchsia et turquoise

- Mini-moules ronds en silicone de 4 et 5,5 cm de diamètre

- Perles de rocaille fuchsia, turquoise et orangé

- Grosses perles de rocaille argent

- Baguette triangulaire

- Résine epoxy bicomposant

- Pince de précision et pince coupante

- Mini-perceuse

Coulez 5 mm de résine au fond de 6 grands moules. Laissez sécher. Superposez 3 paillettes centrées pour que le décor soit visible des deux côtés des médaillons.

Dans 6 petits moules, coulez 5 mm de résine. Laissez sécher quelques heures. Dispersez les perles de rocaille et perles tubes dans la résine encore fluide. Coulez à nouveau la même épaisseur de résine. Laissez sécher 24 heures.

Démoulez les 12 médaillons. Percez un trou en haut de chacun d'eux avec la mini-perceuse.

4 Enroulez plusieurs tours de fils aluminium turquoise et fuchsia autour d'une baguette triangulaire.

5 Retirez les fils de la baguette. Coupez 6 anneaux triangulaires dans chacun des coloris. Fixez-les sur chaque médaillon. Suspendez les médaillons sur les deux chandeliers.

Porte-clés rigolo

Il vous faudra :

- Mini-moules en silicone formes navettes de 10 cm de long environ
- 1 petite clé plate
- 1 mini-pince à linge de couleur
- 1 chute de papier calque
- 1 tampon motif maison et encreur noir
- Feutres à dessin ou aquarellables
- Assortiment de perles de rocaille et perles tubes orange et rouges

- Lettres en papier prédécoupées de 2 cm de haut (scrapbooking)
- Résine epoxy bicomposant
- Anneaux ouverts et apprêts de porte-clés
- Mini-perceuse
- Pince de précision à bec pointu

1 Coulez une couche de résine de 3 mm environ. Laissez sécher 12 heures. Posez la clé centrée sur la résine.

2 Coulez la même épaisseur de résine pour recouvrir la clé. Laissez sécher 48 heures en surveillant la formation de bulles. Démoulez.

 Découpez les lettres avec une machine à découper type Cuttlebug ou utilisez des lettres prédécoupées pour le scrapbooking.

2 Coulez une couche de résine de 3 mm environ. Laissez sécher 12 heures. Posez les lettres du mot "clé" à l'envers sur la résine. Parsemez de perles de rocaille.

 Coulez doucement la même épaisseur de résine sur la composition. Surveillez la formation de bulles.

Laissez sécher 48 heures, puis démoulez.

1

Encrez le tampon avec l'encreur noir. Imprimez le motif maison sur le calque. Laissez sécher. Colorez le motif avec les feutres.

2 Découpez un carré à main levée autour du motif. Ajoutez la mini-pince à linge. Incluez le motif dans la résine en deux étapes comme expliqué précédemment.

3 Percez un trou sur le haut des porte-clés. Insérez un anneau puis ajoutez un apprêt de porte-clés.

Noël scintillant

Il vous faudra :

- Pâte silicone pour réaliser des moules
- Mini-moules à kugelhof en silicone
- Moule étoile en silicone de 12 cm de diamètre
- Mini-moules à glaçons étoiles de 4 cm
- Paillettes or, argent, blanc nacré
- Cordons or et argent et grosse perle métallique
- Anneaux de montage ouverts

- Ruban organza blanc de 3 mm et 1 cm de large
- Résine epoxy bicomposant
- Tampons : 1 motif Père Noël de 5 cm de haut, 5 mini-motifs étoiles de 2 cm
- Pince de précision et grosse aiguille
- Mini-perceuse
- Ruban adhésif

1 Coulez de la résine sur environ 1 cm d'épaisseur et laissez épaissir quelques heures. Ajoutez des paillettes dans 3 moules. Mélangez doucement pour bien les répartir. Laissez sécher 24 heures.

2 Démoulez les mini-couronnes. Assemblez-les 3 par 3 en nouant un ruban fin entre chacune. Alternez les couronnes transparentes et pailletées. Ajoutez des nouettes de ruban plus large.

Saupoudrez des paillettes blanc nacré dans 5 mini-moules étoiles, et des paillettes or dans le dernier. Coulez 5 mm de résine. Saupoudrez à nouveau de paillettes. Laissez sécher 24 heures.

Démoulez les mini-étoiles et placez-les dans le grand moule étoile en centrant l'étoile dorée. Coulez de la résine jusqu'au recouvrement des motifs. Laissez sécher en surveillant la formation de bulles d'air.

Démoulez l'étoile. Percez un trou dans l'une des branches avec la mini-perceuse. Glissez le cordon or et nouez-le.

1 Réalisez 2 moules silicone en suivant la technique page 7 : 1 frise de 11 x 3 cm décorée de 5 tampons étoiles de Noël, 1 motif Père Noël imprimé sur un médaillon légèrement plus grand. Pour imprimer les tampons dans le silicone, les disposer, puis attendre quelques minutes avant de les retirer. Choisissez des motifs simples sans trop de détails, la pâte a tendance à coller.

2 Coulez environ 3 mm de résine dans chaque moule. Ajoutez éventuelle-ment quelques paillettes blanc nacré. Laissez sécher le médaillon 24 heures. Démoulez la frise au bout de 10 à 12 heures tant qu'elle est encore souple (mais non collante).

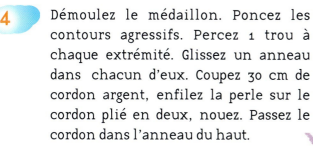

3 Découpez le contour aux ciseaux cranteurs puis enroulez la pende-loque autour d'un marqueur pour lui donner une forme de spirale. Fixer solidement avec du ruban adhésif. Laissez sécher à nouveau 12 heures.

4 Démoulez le médaillon. Poncez les contours agressifs. Percez 1 trou à chaque extrémité. Glissez un anneau dans chacun d'eux. Coupez 30 cm de cordon argent, enfilez la perle sur le cordon plié en deux, nouez. Passez le cordon dans l'anneau du haut.
Percez un trou sur le haut de la pendeloque, glissez un anneau. Fixez la pendeloque au médaillon.

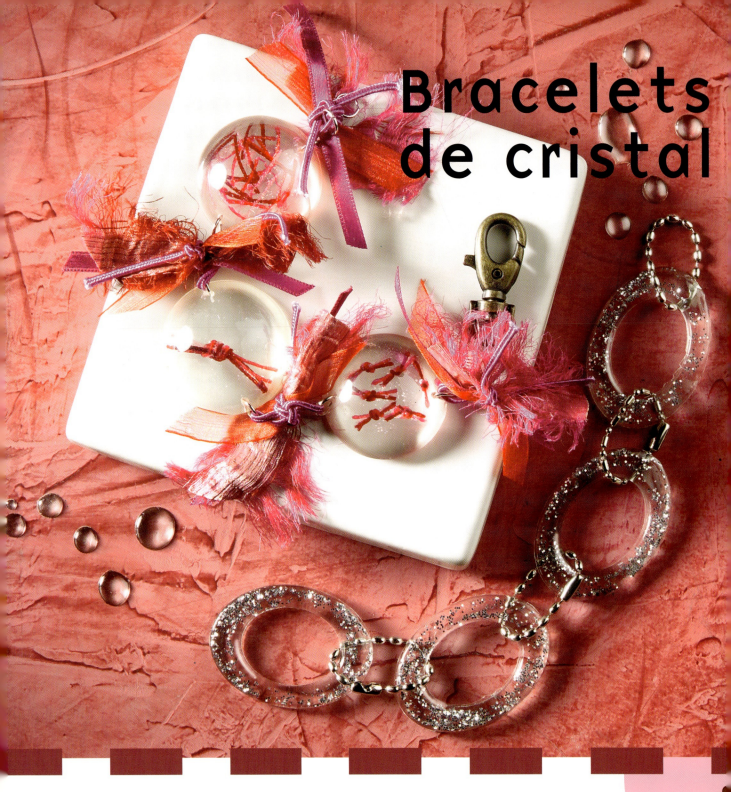

Bracelets de cristal

Il vous faudra :

- Mini-moules à mignardises demi-sphères en silicone d'environ 3 cm de diamètre

- Emballage de fruits (kiwis) à alvéoles à fond ovale

- Ruban de soie déchirée d'1,5 cm de large fuchsia, ruban d'organza d'1,5 cm de large rouge, ruban de satin de 0,5 cm cyclamen, soutache fuchsia et cotons perlé rouge, fuchsia, prune

- Anneaux ouverts et fermoir mousqueton

- 30 cm de chaîne à boules et 4 systèmes d'attache

- Paillettes argent

- Résine epoxy bicomposant

- Spray démoulant

- Mini-perceuse

- Pince de précision à bec pointu

- Ciseaux

1

Coulez 3 mm de résine dans trois des moules demi-sphères. Laissez sécher 12 heures. Coupez 2 longueurs de 6 cm de coton perlé dans chacun des coloris. Nouez-les ensemble. Réalisez 6 mini-nœuds avec les 3 coloris de fil. Puis coupez des petits morceaux de fils de 1 cm. Posez les fils sur la résine durcie et recouvrez-les de résine. Laissez sécher en surveillant la formation de bulles.

2

Démoulez les demi-sphères. Poncez les bords agressifs. Percez un trou de chaque côté. Posez des anneaux avec la pince de précision.

3

Pour assembler le bracelet, coupez 15 cm de soutache, passez-la dans les anneaux de 2 demi-sphères, nouez. Sur le nœud, posez 3 longueurs de 5 cm de rubans fantaisie. Repassez une extrémité de la soutache sous l'ensemble et faites un double-nœud serré pour maintenir les rubans. Fixez le fermoir à l'aide d'anneaux.

1 Vaporisez du spray démoulant sur le fond de l'emballage formant des anneaux ovales. Saupoudrez de paillettes argent. Coulez quelques millimètres de résine pour affleurer le haut des dessins d'anneaux. Laissez sécher 18 h.

2 Démoulez, poncez les bords agressifs de chaque chaînon. Avec la pince coupante, coupez 4 longueurs de chaîne de 4 à 6 cm (selon la taille du poignet). Assemblez les maillons de résine avec les chaînes en clipsant les fermoirs prévus à cet effet.

Epices d'ici et d'ailleurs

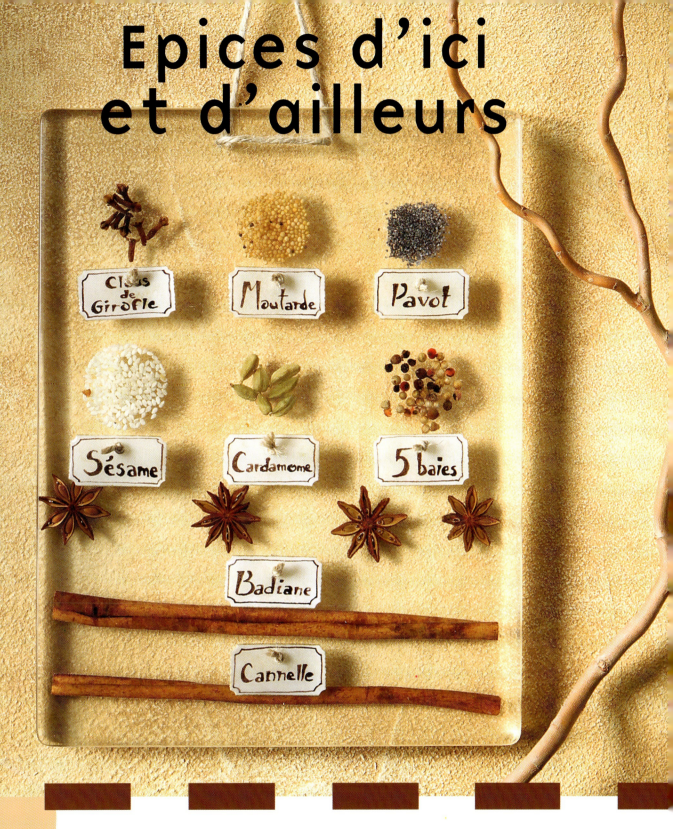

Clous de Girofle

Moutarde

Pavot

Sésame

Cardamome

5 baies

Badiane

Cannelle

Il vous faudra :

- Moules à gâteaux en silicone: 1 rectangulaire de 22 x 28 cm et moules à mignardises demi-sphères de 3 cm de diamètre

- 6 variétés de graines et épices, 2 bâtons de cannelle et de la badiane (anis étoilé)

- Papier bristol écru

- Perforatrice forme étiquette (facultatif)

- Plume de calligraphie et encre sépia

- Encre à vieillir type Distress old paper

- 1 vieux pinceau

- Résine epoxy bicomposant

- Mini-perceuse

- Ficelle

Coulez 3 mm de résine dans 6 moules, laissez sécher 4 à 5 heures. Disposez les 6 variétés d'épices et de graines sur cette base. Recouvrez-les d'une seconde couche de résine en veillant à ce que les graines soient bien réparties sur toute la surface.

Coulez 3 à 5 mm de résine dans le fond du grand moule. Laissez sécher 12 heures. Disposez régulièrement les 6 demi-sphères d'épices ainsi que les bâtons de cannelle et les étoiles de badiane.

Recouvrez votre composition de résine en surveillant la formation de bulles. Laissez sécher 24 heures. Démoulez.

Découpez 8 étiquettes à la perforatrice ou à l'aide du dessin page 46. Tracez le contour des étiquettes à la plume, puis écrivez le nom de chaque épice.

Avec un pinceau, passez la résine en couche épaisse sur chaque étiquette, comme un vernis. Laissez sécher.

Positionnez les étiquettes sur le tableau. Percez un trou au travers des 2 épaisseurs en transperçant complètement le tableau de résine (protégez le plan de travail). Percez 2 trous en haut du tableau. Maintenez les étiquettes en passant une ficelle au travers de la résine. Nouez chaque extrémité. Suspendez le tableau par une longueur de ficelle.

Vive l'été !

Il vous faudra :

- 1 table ronde de jardin en tôle peinte
- Papier scrapbooking motif gazon
- Papier de couleur : rouge, jaune, rose et bleu
- Vernis-colle type decoupage coat et pinceau
- Ciseaux et cutter
- Machine à découper type Cricut (facultatif)
- Résine epoxy de couverture type Pour-on et pinceau
- Sacs en plastique

1

Déchirez le papier "gazon" et recouvrez toute la surface de la table. Collez avec le vernis-colle. Avec la machine, découpez des fleurs et des cercles de différentes tailles et formes dans les papiers de couleur (ou voir dessins pages 46-47).

2

Disposez votre semis de fleurs sur la table. Collez-les au vernis-colle sur le fond "gazon" en en superposant certaines. Laissez sécher. Après 24 heures de séchage, arasez les bords au cutter en suivant le contour de la table. Posez la table sur le plan de travail protégé.

3

Vérifiez que la surface soit bien horizontale. Préparez la résine et versez-la sur la table en partant du centre. La résine s'étale toute seule et l'excédent coule sur le plan de travail. Essuyez les bords avec un vieux pinceau au fur et à mesure. Laissez sécher 48 heures à l'abri de la poussière.

Nature luxuriante

Il vous faudra :

- 1 motif elliptique en MDF de 25 cm de diamètre
- Fleurs en feutre et feutrine de différentes formes de 2,5 à 5,5 cm de diamètre
- Strass à coller assortis aux fleurs
- Perles recouvertes de fils satinés de différents diamètres et couleurs
- Peinture acrylique coloris violet, turquoise, bleu canard, vert anis et pinceau
- Fil nylon
- Colle à prise rapide

- Résine epoxy bicomposant
- Mini-moules à glaçons insectes
- Spray démoulant
- Résine de couverture type Pour-on
- Peinture vitrail à froid coloris turquoise, orange, mauve, vert anis et fuchsia
- Mini-perceuse
- 1 grosse aiguille

Versez de petites quantités de résine dans des gobelets pour la teinter. Ajoutez quelques gouttes de peinture vitrail dans chaque récipient, mélangez bien. Versez les différents coloris de résine obtenus dans les moules insectes. Laissez sécher 24 heures. Démoulez.

2

Avec la mini-perceuse, poncez les bords agressifs des insectes, puis percez un trou dans la tête de chacun d'eux.

Enfilez un insecte sur 50 à 80 cm de fil nylon, centrez-le et pliez le fil en deux. Nouez le fil à l'endroit où vous souhaitez disposer des perles. Enfilez 2 ou 3 perles, nouez à nouveau le fil pour les fixer. Terminez par un dernier nœud pour arrêter le fil. Réalisez 6 pendeloques irrégulières.

4 Superposez les différentes fleurs en feutre et feutrine pour composer 3 grosses fleurs et 3 plus petites. Assemblez-les et ajoutez un ou plusieurs strass au centre.

5 Avec un pinceau, passez de la résine de couverture en couche épaisse sur les fleurs. Relevez quelques pétales sur chacune des fleurs pour qu'elles conservent leur forme après séchage. Laissez sécher 24 heures.

6 Avec une aiguille, enfilez une grosse fleur et une plus petite sur un fil nylon de 40 à 65 cm plié en deux. Répétez la même opération 3 fois en disposant les fleurs à différentes hauteurs sur les fils.

7 Peignez un dégradé sur chaque côté du support du mobile en commençant par le bleu canard. Ajoutez du violet au centre et fondez les couleurs avec une éponge humide. Poursuivez de la même manière par le bleu turquoise et le vert anis.

8

Laissez sécher. Fixez les pendeloques d'insectes et de fleurs en les nouant sur les branches du support. Au besoin ajoutez une goutte de colle.

Remerciements

Nous remercions Kars pour la fourniture de résine ainsi que de nombreuses autres fournitures nécessaires à la réalisation de ce livre.

Réalisation : Claire Gaétan
Mise en pages et stylisme photos : Idéclik
Photos : Studios Dussouillez- Matéo
Fabrication : Aurélie Lacombe
Photogravure : Digi-France
© Groupe Fleurus 2007
Achevé d'imprimer en octobre 2007 en Italie par Dea Printing
Dépôt légal : octobre 2007
ISBN : 978 2 215 090 24 3
N° d'édition : 93941-01

Table des matières

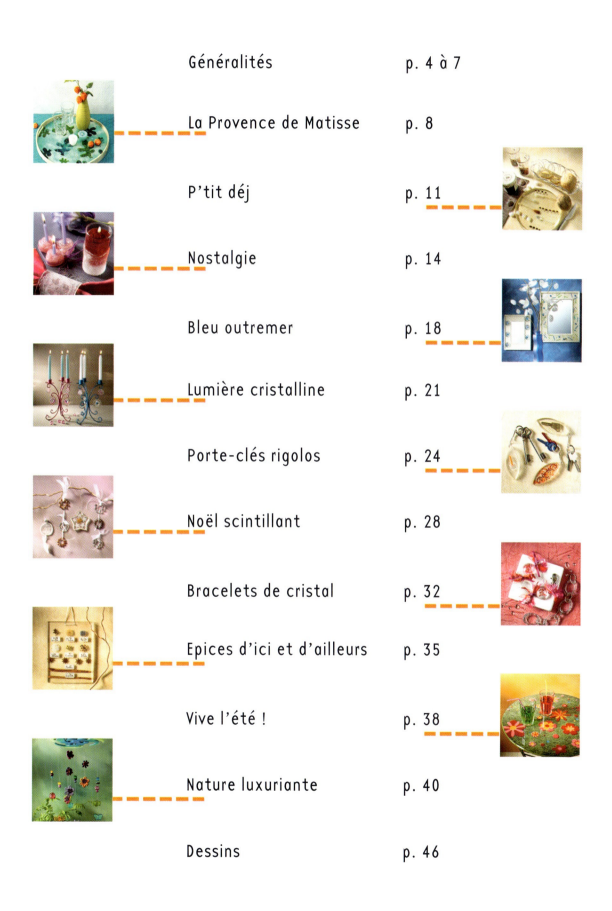

Dessins à taille réelle

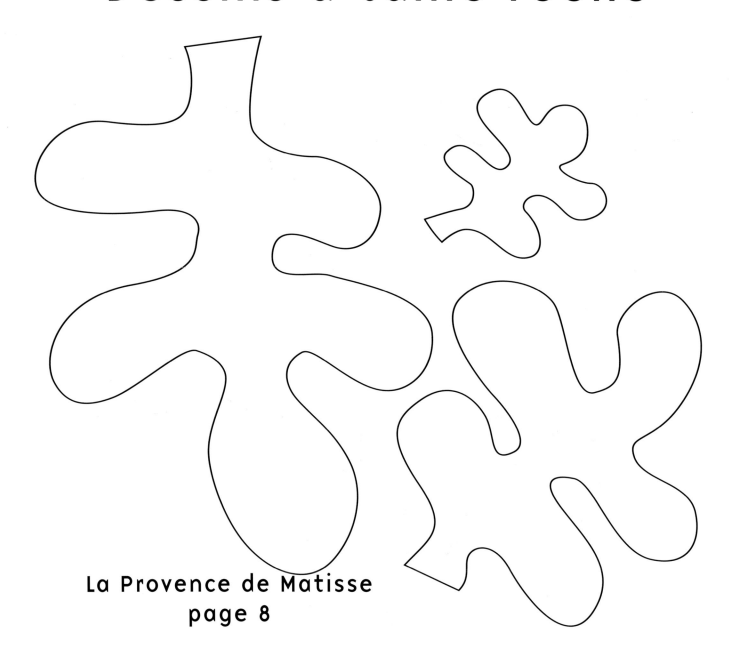

La Provence de Matisse
page 8

Epices d'ici et d'ailleurs
page 35

Vive l'été !
page 38

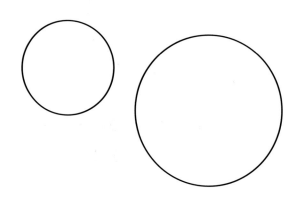